AF495348

REVUE TRIMESTRIELLE

DE

DROIT CIVIL

COMITÉ DE DIRECTION :

A. ESMEIN
Membre de l'Institut
Professeur à la Faculté de droit
de l'Université de Paris ;

CH. MASSIGLI
Professeur à la Faculté de droit
de l'Université de Paris ;

R. SALEILLES
Professeur à la Faculté de droit
de l'Université de Paris ;

ALBERT WAHL
Doyen de la Faculté de droit
de l'Université de Lille.

EXTRAIT

ABUS DE DROIT
OU
CONFLIT DE DROITS
Par M. Marc DESSERTEAUX

ABONNEMENT ANNUEL :
France, **20** francs ; Étranger, **22** francs

LIBRAIRIE
DE LA SOCIÉTÉ DU RECUEIL GÉNÉRAL DES LOIS & DES ARRÊTS
FONDÉ PAR J.-B. SIREY, ET DU JOURNAL DU PALAIS
Ancienne Maison L. LAROSE et FORCEL
22, rue Soufflot, PARIS, 5e Arrond.
L. LAROSE & L. TENIN, Directeurs

ABUS DE DROIT OU CONFLIT DE DROITS

Par M. Marc Desserteaux.

———

Un des faits les plus intéressants de la jurisprudence récente est la tendance à abandonner dans un assez grand nombre de cas la vieille maxime : *Neminem lædit qui suo jure utitur*, pour déclarer civilement responsable celui qui use de son droit; c'est ce qu'il est d'usage en doctrine d'appeler la théorie *de l'abus de droit*. On approuve généralement l'ensemble des solutions pratiques que les tribunaux ont adoptées dans ces hypothèses, mais au point de vue théorique l'accord est loin d'être fait. Certains prétendent [1] au nom de la stricte application des principes qu'il ne saurait y avoir d'abus d'un droit, parce que le droit a précisément pour caractère de rendre irresponsable celui qui s'en sert ; si on est responsable, disent ces auteurs, c'est qu'on n'était pas dans son droit. La conclusion logique de cette manière de voir serait la condamnation de la pratique moderne; au contraire, ces auteurs prétendent être d'accord avec la jurisprudence, mais alors ils n'expliquent pas très clairement pourquoi, par exemple, le droit de propriété, qui ne peut subir de restriction qu'en vertu d'une loi ou d'un règlement (art. 544), est néanmoins limité dans des hypothèses assez variées, sans qu'on puisse même invoquer un principe de droit positif pour justifier ces restrictions, pourquoi le plaideur qui a le droit de saisir la justice à condition de payer les dépens se trouve en outre condamné à une indemnité supplémentaire. — Malheureusement, si nous nous retournons du côté des partisans de la théorie de l'abus de droit, nous voyons qu'ils ont à lutter contre de multiples difficultés : d'abord l'abus de droit est-il concevable? M. Planiol soutient avec beaucoup de logique que c'est une notion contradictoire,

———

(1) Planiol, *Traité élémentaire de droit civil*, t. II, n°ˢ 870 et suiv.

parce qu'un même acte ne peut être en même temps conforme et contraire au droit : « Le droit cesse où l'abus commence. »

Si l'abus de droit est concevable, il faut en trouver un critérium qui ne conduise pas à un conflit avec les textes, car nul ne doute qu'il n'est pas permis de construire contre la loi ; qui n'aboutisse pas à des conséquences destructives, car c'est toujours un écueil à redouter, quand on adopte une idée nouvelle, de renverser les notions juridiques les mieux assises ; enfin, il faut que ce critérium explique suffisamment les solutions pratiques des tribunaux.

Il existe surtout deux critériums en vogue, celui qui caractérise l'abus de droit par l'absence d'un intérêt sérieux et licite à exercer le droit, de sorte que le seul but de celui qui l'a exercé ait été de nuire à autrui (*intention de nuire, défaut d'intérêt*) ; et celui qui déclare abusif tout acte dont l'auteur s'est proposé d'autres fins que celles que le législateur avait assignées à l'exercice du droit (*détournement du but économique et social, exercice anormal*).

Je remarquerai d'abord qu'en supposant ces critériums admissibles au point de vue juridique, social et pratique, ils ne feront jamais des actes abusifs une catégorie ayant une physionomie spéciale. M. Planiol objectera toujours que, s'il est permis de déclarer responsable le titulaire du droit, c'est que le législateur avait entendu limiter les droits positifs au cas où le titulaire agirait sans malice, ou conformément à un certain but : quelque subtilité qu'on y mette, on n'empêchera pas l'acte abusif d'être au fond un acte accompli sans droit. Et ce qui le prouve bien, c'est que le Conseil d'État, appliquant le deuxième de ces critériums sous le nom de détournement de pouvoir, traite l'acte entaché de ce vice absolument comme l'acte accompli par un fonctionnaire incompétent (1). Il en résulte que ces systèmes,

(1) M. Josserand (*De l'abus des droits*, Paris, A. Rousseau, 1905, p. 76 et 81) a pourtant essayé, tout en adoptant un de ces critériums, de trouver une différence entre l'acte abusif et l'acte illicite : il soutient que l'acte abusif n'engage la responsabilité de son auteur qu'autant qu'il cause un préjudice, tandis que l'acte illicite l'engage toujours : en effet, alors même qu'il ne cause pas de préjudice, l'acte illicite expose son auteur à une astreinte ou à des mesures de police. Je pense que cette distinction est illusoire, et qu'un acte quelconque ne peut engager la responsabilité de son auteur qu'à la condition de causer un préjudice ; en effet, si l'auteur de l'acte illicite est condamné envers quelqu'un à une astreinte, c'est apparemment que l'acte avait causé à cette personne un dommage au moins moral,

peu différents au fond, malgré les protestations de leurs auteurs, de celui de M. Planiol, encourent exactement le même reproche, celui de limiter arbitrairement les droits positifs consacrés par le législateur, sans qu'un principe juridique l'autorise, et même, dans le cas le plus important, l'abus de la propriété, malgré un texte formel, l'article 544. M. Bufnoir avait si bien aperçu cette critique qu'il proposait d'exiger pour l'abus de la propriété des conditions beaucoup plus rigoureuses que pour celui des autres droits (1).

Si nous passons de la critique générale à la critique spéciale, le critérium *de l'intention de nuire* est fort dangereux, car alors précisément que la doctrine et la jurisprudence tendent à écarter les recherches psychologiques en matière de responsabilité délictuelle simple, il ressuscite les recherches de ce genre en matière d'exercice d'un droit, ce qui est beaucoup plus vexatoire (2). Il rend en pratique la théorie de l'abus de droit illusoire ou très rigoureuse : en effet ou bien en obligera le demandeur en dommages-intérêts à prouver que le défendeur n'avait absolument aucun intérêt à exercer son droit, ce qui sera impossible; ou bien on mettra celui qui exerce son droit dans une situation pénible en décidant que, le dommage à autrui étant prouvé, c'est à celui qui l'a causé, et qui par hypothèse était dans son droit, à prouver qu'il avait un intérêt légitime à le faire. On doit rejeter comme arbitraire toute autre solution du problème de la preuve, par exemple celle qui considère comme abusif l'acte inspiré par d'autres mobiles que l'intention de nuire lorsqu'il est prouvé que l'intention de nuire a été le mobile principal; à quel moment un mobile cesse-t-il d'être principal pour devenir secondaire? — Ce critérium laisse en dehors de sa définition un grand nombre d'espèces caractéristiques (usinier qui couvre de fumées le fonds voisin; patron qui renvoie un ouvrier parce que sa figure lui déplaît; plaideur qui engage un procès par sport, ou en commettant une erreur grossière, etc.), si bien que les partisans du critérium ont été quelquefois ame-

car on ne conçoit pas dans notre droit de condamnation au profit du premier venu, analogue à celle que le juge prononçait à Rome sur une action populaire; et, si l'acte donne lieu à des mesures de police, c'est qu'il constituait un délit pénal, ce qui ne prouve nullement qu'il engage la responsabilité de son auteur au point de vue civil.

(1) *Propriété et contrat*, p. 807-809.

(2) Voir une intéressante critique de la théorie de l'intention de nuire, dans Saleilles, *Théorie générale de l'obligation*, p. 368, 370 et 370 note 1.

nés à considérer ces hypothèses comme des exemples d'actes licites engageant la responsabilité de leur auteur; parler ainsi, n'est-ce pas avouer qu'on a affaire à des actes abusifs auxquels, pour les besoins de la cause, on refuse la qualification d'actes abusifs? — Enfin le critérium peut conduire à des conséquences étranges; s'il est prouvé qu'un patron refuse d'embaucher certains ouvriers dans le but unique de nuire au syndicat dont ils font partie, son abstention ne va-t-elle pas devenir abusive (1)? Quelques auteurs l'ont pensé. Mais alors à quelles responsabilités ne pourra-t-on pas être exposé si on se trouve condamné, non pas pour avoir agi, mais pour s'être abstenu d'agir, parce qu'on aurait pu conclure un contrat qui aurait pu profiter à d'autres! Un tel résultat compromet singulièrement la théorie qui l'a produit.

Le critérium *du détournement du but social* paraît avoir dû une partie de sa fortune à la jurisprudence administrative sur le détournement de pouvoir. Le Conseil d'État a admis, dans ces dernières années, que, quand un acte administratif parfaitement régulier avait eu pour but, dans la pensée de son auteur, de favoriser un intérêt privé, il serait regardé comme entaché d'excès de pouvoir. Mais la situation est loin d'être la même en droit administratif et en droit civil; le juge administratif qui applique une législation non codifiée, muette sur des points essentiels, et qui est encore considéré à certains égards, et notamment quand il connaît de l'excès de pouvoir, comme un supérieur hiérarchique, a des pouvoirs bien plus larges que le juge du droit civil. D'ailleurs le pouvoir est délégué aux agents de la puissance publique dans l'intérêt de leurs administrés; s'ils agissent autrement, il est évident qu'ils ne satisfont pas à leur mandat, et, à défaut de toute autre considération, on pourrait attaquer leurs actes en prétendant simplement qu'ils sont frauduleux; ce qui, d'après une doctrine assez commune, les soumet à des règles dérogatoires : *Fraus omnia corrumpit*. Au contraire,

(1) Un jugement en dernier ressort du tribunal de Bordeaux (14 déc. 1903, S. 1905. 2. 17) a admis cette thèse dans ses motifs et a considéré l'intention de nuire comme suffisamment prouvée par ce fait que le patron n'alléguait aucun motif légitime. Mais ce jugement paraît avoir été influencé en fait par cette circonstance que le patron avait précédemment conclu avec le syndicat un accord par lequel il promettait de n'employer que des syndiqués et l'avait rompu sans préavis. Il est fort douteux que la jurisprudence se prononcerait dans le même sens en l'absence de considération de ce genre.

il est impossible de prouver que le titulaire d'un droit privé le tient d'une délégation, expresse ou tacite, et en général, lorsqu'il en abuse, il est impropre de dire qu'il commet une fraude.

Ce critérium devient d'une application difficile si l'on se demande avec MM. Baudry et Barde (1) à quel moment le but social doit être apprécié : est-ce au moment de la promulgation de la loi? alors on s'exposera à regarder comme abusifs des actes qui sont conformes aujourd'hui à la destination économique du droit. Est-ce au moment où l'espèce litigieuse se présente? alors il pourra arriver que, les conditions de la vie sociale ayant changé, un droit devienne abusif dans toutes ses manifestations. Et on ne sait pas à quelles conséquences peut mener ce critérium : un testateur sans héritier à réserve qui institue un étranger uniquement par haine de sa famille, et parce que cet étranger est aussi misanthrope que lui, ne détourne-t-il pas de son but le droit de disposer? Mais alors, s'il est permis aux familles de critiquer les motifs de tout acte de dernière volonté qui leur est défavorable, quelle garantie reste-t-il à la liberté de tester? L'industriel qui, par des spéculations parfaitement honnêtes, je le suppose, tue ses concurrents et se crée un monopole au grand détriment du public, va-t-il être poursuivi en réparation du préjudice parce qu'il a détourné de son but le droit de libre concurrence? etc.

Et avec tous ces inconvénients, je doute fort que le critérium arrive réellement à expliquer la plupart des solutions proposées. Si on peut justifier rationnellement la propriété individuelle, c'est en remarquant que, organisée dans l'intérêt d'un individu, elle stimule son activité et lui permet de consacrer le maximum de forces à une entreprise déterminée (propriété foncière, industrie, commerce, etc.) ; mais s'il en est ainsi, plus elle sera absolue et mieux elle répondra à son but, et le titulaire répliquera aux critiques dirigées contre l'usage anormal de son droit : « Ma liberté illimitée est nécessaire à l'accomplissement du but social de la propriété ». Et le patron qui congédie ses ouvriers? Ce droit, qu'il tire de son contrat, lui est après tout assuré par le principe d'autonomie de la volonté qui affranchit l'activité individuelle en garantissant à chacun qu'il ne pourra être obligé sans l'avoir voulu ; en congédiant un ouvrier, il se conforme au but de son droit qui est d'assurer la liberté illimitée de son choix.

(1) *Traité des obligations*, t. III, n° 2855.

En présence de ces obscurités, d'éminents auteurs comme M. Charmont (1) ne paraissent pas absolument convaincus qu'il existe un critérium. Pour ma part je crois que la solution serait dans la généralisation d'une idée qui a été aperçue par un certain nombre de juristes, mais dont on n'a fait, à ma connaissance, l'application systématique qu'au droit de propriété (2). C'est que l'abus de droit consiste à léser un autre droit également respectable, et mériterait en bonne terminologie d'être appelé le *conflit de droits.*

Il n'est plus exact d'objecter à la théorie ainsi présentée que le même acte ne saurait être conforme et contraire au droit : l'acte abusif répond à un droit de la part du lésant, mais il est contraire au droit du lésé. Il y a désormais une place entre l'acte licite et l'acte illicite pour l'acte abusif : l'acte licite est celui qui est accompli dans l'exercice d'un droit et qui ne lèse aucun droit, l'acte illicite est celui qui n'est pas accompli dans l'exercice d'un droit et qui lèse un droit; l'acte abusif est celui qui est accompli dans l'exercice d'un droit et qui lèse un droit. La notion de conflit échappe au reproche de contradiction élevé par M. Planiol contre les autres théories : il suffit pour qu'un conflit se produise que, de l'application de principes opposés et également certains, il résulte dans un cas donné une protection légale pour deux intérêts inconciliables : on peut rapprocher de ces hypothèses celle de conflit entre les créanciers à privilèges généraux et les créanciers à privilèges spéciaux sur meubles (art. 2096, 2101, 2102), entre la caution personnelle et la caution réelle, entre la caution personnelle et le tiers détenteur d'un immeuble hypothéqué qui se prévalent réciproquement de la subrogation l'un contre l'autre (art. 1251-2° et 2029), entre le créancier et le complice du débiteur fraudator (art. 1167), d'autres encore. Néanmoins, dans ces hypothèses, le conflit est moins grave qu'en cas d'abus de droit parce qu'il résulte implicitement de la loi que les droits en présence ont des limites; ainsi, dans le premier exemple cité, les divers créanciers privilégiés ont bien une préférence sur les créanciers chirographaires, mais aucun texte, aucun principe,

____

(1) *Revue trimestrielle,* 1902, p. 113 et suiv.

(2) Voir Baudry et Chauveau, *loc. cit.,* t. V, n° 215 ; Ch. Blondel, sous S. 97. 1. 273; Gény, *Méthode d'interprétation et sources,* n° 173 ; Esmein, sous S. 98. 1. 17. — Voir aussi certains passages et notamment la conclusion de M. Porcherot, Thèse, Dijon, 1901.

ne leur garantit qu'ils ne seront pas primés par d'autres créanciers privilégiés; le problème naît surtout de l'indétermination des droits, il se réduit à suppléer au silence de la loi, ce que les interprètes font depuis longtemps par divers procédés courants en doctrine (1). Au contraire, dans les hypothèses qualifiées abus de droit, chacun des droits est proclamé comme absolu et il faut faire brèche à un texte ou à un principe pour faire plier l'un devant l'autre. Il existe pourtant une hypothèse, étrangère à la théorie de l'abus de droit, où le conflit est aussi aigu que dans les cas d'abus de droit : c'est le cas de conflit des créanciers qui se prévalent de la contre-lettre avec ceux qui l'attaquent, car ces derniers tirent un droit formel de l'article 1321 et les premiers du principe que tout acte du débiteur a effet à l'égard des créanciers (2).

Parmi les avantages apparents de la théorie du conflit de droits, on peut noter celui de restreindre sérieusement l'arbitraire du juge; en effet, ce ne sera plus dans des cas quelconques remis à son appréciation que le droit sera mis en échec, ce sera seulement quand il aura un autre droit en face de lui.

Mais, dira-t-on, ce système ne donnant aucun motif de préférer un des droits à l'autre, ne sera-t-on pas amené dans toutes les hypothèses à proclamer l'irresponsabilité de l'agent et à condamner le mouvement de jurisprudence actuel? En aucune manière. Agir ainsi, ce serait sacrifier systématiquement et sans motif le droit du demandeur à celui du défendeur (3), ce qui

----

(1) Si je ne craignais pas de paraître téméraire en détournant de leur sens des expressions employées dans d'autres acceptions en droit administratif, j'appellerais ces hypothèses *conflits négatifs* et je réserverais pour les cas appelés abus de droit le nom de *conflits positifs*. L'analogie de l'action paulienne avec l' « abus de droit » a été signalée par M. Charmont.

(2) Pour résoudre ce difficile conflit de droits, qui n'a pas été assez étudié, je crois, en thèse générale, que, les droits étant égaux, il faudrait faire venir les deux masses de créanciers au marc le franc sur la valeur contestée. Cependant il y aurait lieu d'exclure les créanciers qui se prévalent de l'acte apparent si, en traitant, ils ont connu la simulation, car l'article 1321 est une mesure de protection; et d'exclure ceux qui se prévalent de la contre-lettre si, en traitant, ils ont cru l'acte apparent sincère, car alors ils ont compté uniquement sur un patrimoine fictif diminué de cette valeur et l'annulation de la contre-lettre peut les priver d'un avantage inespéré, non d'un droit.

(3) Dans ce qui suit, pour plus de simplicité, j'appelle *demandeur* celui qui, se prétendant victime d'un abus de droit, réclame une réparation; *défendeur*, l'auteur du prétendu abus de droit.

serait commettre un déni de justice prohibé par l'article 4 du Code civil. Je crois qu'une saine méthode juridique permet, lorsque le conflit est bien prouvé, de rechercher lequel des deux intérêts doit fléchir devant l'autre. C'est en partant de cette idée que nous allons tenter un examen critique de la jurisprudence.

Au cours de cet examen, notre critérium nous conduira à admettre, contrairement à quelques décisions de jurisprudence, qu'un acte inspiré uniquement par des mobiles blâmables n'aurait dû exposer son auteur à aucune responsabilité, parce qu'il n'a lésé aucun droit.

Cette affirmation nous expose à quelques critiques particulières des partisans de la vieille théorie de l'abus de droit (1). On nous reproche d'abord de méconnaître le principe généralement admis que la fraude vicie tous les actes qu'elle entache ; je m'incline devant ce principe, mais je ne l'entends pas ainsi. A mon sens, la fraude est un artifice par lequel un particulier cherche à se soustraire à une obligation légale ou à atteindre un résultat prohibé par la loi ; sa répression est la conséquence nécessaire du respect dû à la loi. Ainsi est frauduleuse la vente à réméré consentie pour un prix qui n'a été payé qu'en partie et sans dépossession effective du vendeur, parce qu'elle permet d'atteindre le même résultat qu'un prêt à intérêt d'un taux illicite ; est frauduleuse la vente consentie volontairement à vil prix par un insolvable, parce que l'insolvable a voulu se dérober à l'obligation de répondre de son engagement sur tous ses biens (art. 2092) ; on a jugé de même avec raison que l'émancipation d'un enfant par son père divorcé et privé de sa garde pouvait être frauduleuse parce qu'elle aboutissait à rendre au père la direction de l'éducation, que le jugement lui avait ôtée. Mais l'acte accompli avec l'intention de nuire et qui prive quelqu'un d'un simple avantage occasionnel ne tend à la violation d'aucune obligation légale puisque par hypothèse son auteur a respecté le droit d'autrui. L'irresponsabilité qui est assurée à l'agent se concilie très bien avec le principe de la répression de la fraude. — On agite, il est vrai, l'épouvantail du scandale qui va résulter de cette irresponsabilité : « C'est le droit lui-même, dit-on, qui, mis au service de desseins antisociaux, indignement parodié par ses dépositaires, risquera de sombrer sous le coup de cette profanation ! »

Nous serions en droit de demander à ceux qui formulent ces

____

(1) Voir ces critiques dans Josserand, *loc. cit.*, p. 51 et 52.

critiques si ce ne sont pas plutôt eux qui risquent de faire sombrer le droit, par l'incertitude dans laquelle ils mettent les titulaires de droits positifs et par les solutions singulières que tous les critériums subjectifs, quels qu'ils soient, peuvent les amener à sanctionner. Ils oublient d'ailleurs une chose essentielle, c'est de nous indiquer nominativement les espèces dans lesquelles nous risquons de choquer si fort la conscience publique; je crois qu'il serait malaisé de les trouver; en tout cas, nous ne désespérons pas de montrer que nous pouvons justifier soit par l'idée de conflit de droits, soit par d'autres, toutes les solutions nouvelles qui ont pour elles un nombre respectable de décisions judiciaires et d'impérieuses considérations de justice; nous ne critiquons que des décisions sur des points de détail, et qui ne paraissent pas avoir fixé la jurisprudence. Faut-il donc penser que dans tous les procès qui viennent chaque année grossir d'un volume les grands périodiques on n'a pas encore vu cette hypothèse cruciale où doivent apparaître les conséquences fatales de notre critérium ?

Nous n'admettons pas qu'il y ait conflit : dans le cas où un syndicat impose sous menace de grève le renvoi d'un ouvrier non syndiqué. En effet, la loi du 25 mai 1864, qui a établi le droit de grève, n'a pu le donner qu'aux ouvriers *ut singuli* seuls reconnus alors par le législateur; et la loi du 24 mars 1884, créant les syndicats professionnels, ne leur a permis de s'occuper que d'intérêts professionnels (art. 3); le syndicat qui formule une menace de grève dans un but de représailles agit sans droit : à plus forte raison en est-il ainsi des ouvriers ou des tiers qui commettent les faits réprimés par l'article 414 du Code pénal(1), — ni dans le cas du critique qui se livre à des attaques contre le critiqué. De deux choses l'une : ou bien le critique émet une appréciation désintéressée, littéraire, artistique, politique, ou autre, et alors il ne saurait être responsable, car le littérateur, l'artiste, l'homme politique appartiennent au public et n'ont pas plus de droit à ne pas être critiqués que le commerçant à ne pas être concurrencé; ou bien il prend à partie le critiqué comme homme privé, et alors, comme ni la loi du 29 juill. 1881, ni aucun autre texte ne confèrent au critique de droit positif, il est responsable comme tout particulier du préjudice qu'il cause, alors même qu'il ne commettrait aucun délit pénal, comme

____

(1) V. Cass., 22 juin 1892, D. 92. 1. 449.

ayant accompli un acte illicite, — ni dans le cas du propriétaire qui cause un accident sur sa propriété en mettant un piège dans un endroit où s'aventurent des braconniers ou en ouvrant au public un passage en mauvais état, car le droit de propriété ne saurait permettre d'user de la chose pour causer un accident, un tel usage étant essentiellement prohibé par les lois et règlements (art. 544), — ni dans le cas du propriétaire de mines qui cause un dommage à la propriété superficiaire (L. 21 avr. 1810, art. 44 et 45), car le concessionnaire a un droit d'une nature tout à fait spéciale qui ne lui a été acquis qu'à charge de remplir des obligations dérogatoires au droit commun en raison du préjudice extraordinaire et permanent que son exploitation cause au superficiaire, — ni dans le cas du propriétaire qui coupe ou empoisonne la source dont se servait le voisin : le voisin n'a aucun droit à avoir de l'eau potable sur son fonds, cette eau qui vient d'une nappe souterraine n'est regardée comme sa propriété qu'en vertu d'une fiction qu'on ne peut étendre en dehors de son champ d'application légal déterminé par l'article 642 : le défendeur qui a privé le demandeur d'un simple avantage occasionnel a, en principe, agi légitimement. Au contraire, il a agi sans droit dans le cas où la source était minérale, car alors il a violé la loi du 14 juill. 1856; dans le cas où la source fournissait à un village l'eau dont il avait besoin(1), et, sous l'empire de la loi du 8 avr. 1898, toutes les fois qu'il fait de la source un usage non justifié par les besoins de son héritage; dans ces trois dernières hypothèses, il y a lieu à l'application de l'article 1382, — ni dans le cas du propriétaire qui élève une fausse cheminée pour boucher le jour du voisin, car le jour était pour le voisin un avantage purement occasionnel, donc l'acte du défendeur est légitime (2). On nous reprochera sans doute d'approuver, par cette stricte application des principes, des faits qu'un arrêt qualifiait d' « immoraux » (!). Nous répondrons que la société a bien peu d'intérêt à réprimer d'aussi petites chicanes et qu'à l'inverse il est fort dangereux de permettre à la justice d'intervenir dans les affaires d'un propriétaire pour empêcher un acte aussi inoffensif que la construction d'une cheminée.

Nous retiendrons trois chefs principaux de conflits de droits : ils correspondent aux hypothèses qualifiées ordinairement abus

(1) Ce motif n'est pas indiqué dans un arrêt de Besançon, D. 94. 2. 237, qu'il aurait pu justifier.

(2) Solution contraire : Colmar, 2 mai 1855, D. 56. 2. 9.

du droit de propriété, abus du droit de résiliation unilatérale du louage de services à durée indéterminée, abus du droit de saisir la justice (1).

A. Conflit entre le droit de propriété et un autre droit. — *1° Inconvénients résultant du voisinage d'un établissement dangereux, insalubre ou incommode.* — L'existence du conflit de droits suppose ici trois conditions : *a*) que l'établissement figure dans une des catégories dont la loi autorise l'ouverture sans formalités, ou, dans le cas contraire, qu'il ait satisfait aux formalités légales; car autrement le défendeur n'aurait pas de droit; *b*) que le demandeur ait été empêché de jouir de sa propriété, soit qu'il y ait eu des dégâts ou détériorations matérielles, soit que sa propriété soit devenue inhabitable par suite d'un tapage continu ou d'exhalaisons délétères; autrement il n'y aurait pas lésion du droit du demandeur. Nous pensons donc, avec la majorité des arrêts, qu'il ne suffit pas d'une aggravation de charges pécuniaires ou d'une diminution de valeur de la propriété du demandeur. Cette solution est équitable, car il est généralement admis que celui qui, par une destination nouvelle donnée à son immeuble, cause une plus-value à l'immeuble voisin, n'a aucune action pour réclamer au voisin son enrichissement (2); pourquoi serait-il tenu de réparer son appauvrissement?

(1) Il existe un autre cas de conflit de droits : c'est celui qu'on a qualifié *abus de la puissance paternelle*. Mais il me paraît rentrer plutôt dans la catégorie que j'ai appelée « conflit par insuffisance de textes ou conflit négatif », car d'une part le droit de surveillance du père sur l'enfant n'est pas déterminé par les textes, et, de l'autre, il est certain que la liberté de l'enfant ne doit être limitée que dans son intérêt, mais la loi ne nous dit nulle part dans quelle mesure on peut, dans l'intérêt supérieur de la soumission qui doit exister dans la famille, autoriser le père à restreindre cette liberté sans motif immédiat. L'interprète est libre, en somme, de trancher le conflit d'après les considérations du fait et les mœurs du moment.

(2) MM. Ripert et Teisseire (*Essai d'une théorie de l'enrichissement sans cause, Revue trimestrielle*, 1904, p. 727 et s.) ont toutefois soutenu le contraire; ces auteurs sont d'ailleurs inquiets des conséquences de leur opinion, car ils essayent de l'atténuer par la distinction déjà critiquée entre l'activité normale et l'activité anormale (p. 791 et 792). La logique de leur système conduirait plutôt sur ce point à admettre l'opinion générale; en effet le défendeur à l'action *de in rem verso* dont la chose a augmenté de valeur par le fait du demandeur sans être matériellement augmentée ou embellie oppose à l'action une exception tirée de son droit de propriété; or, nos auteurs admettent que certains droits positifs et notamment celui qui résulte d'un contrat entre les parties constituent de justes causes de ne pas restituer

La solution contraire donnerait d'ailleurs lieu à d'inextricables difficultés pratiques : *quid,* par exemple, si la diminution de valeur avait cessé entre la demande et le jugement définitif, ou si la valeur de l'immeuble du demandeur avait oscillé à plusieurs reprises et avait subi plusieurs dépréciations suivies de plus-value? Faudrait-il condamner le défendeur à la somme de ces dépréciations successives? injustice criante! ou bien le condamner au préjudice que le demandeur aurait définitivement supporté? Alors le montant de la condamnation dépendrait d'un pur hasard, du moment où l'arrêt serait rendu. D'ailleurs si le propriétaire, au lieu d'habiter sa maison, la loue, la lésion de droit peut être manifestée par la baisse des loyers; mais en ce cas il y a lieu, croyons-nous, de faire dans cette baisse le départ de ce qui répond à une impossibilité de jouissance et de ce qui provient d'une simple dépréciation (1). Dans l'hypothèse où l'établissement critiqué est un hospice de tuberculeux, on peut admettre avec la jurisprudence que le dommage matériel est suffisamment caractérisé par ce fait qu'un foyer de contagion s'est établi dans le quartier, alors même que les demandeurs n'auraient pas été personnellement atteints, parce que la prudence leur commandait d'abandonner leur immeuble. A quel moment commencera cette impossibilité morale de jouissance ? Question de fait où les pouvoirs du juge seront, il faut le reconnaître, très larges; je pense qu'il faudra exiger que la catastrophe présente une certaine probabilité (2). — *c*) Il faut que le défendeur ait été cause de la lésion de droit, car il me paraît contraire aux principes du droit de rendre quelqu'un responsable d'un pur cas fortuit. Cette solution serait d'ailleurs contraire à l'article 1386 du Code civil qui, rendant dans un cas particulier le propriétaire responsable d'un dommage qu'il n'a pas causé, paraît bien impliquer qu'il n'en est pas ainsi de droit commun.

Étant donné qu'il y a conflit, comment sera-t-il réglé? En principe, j'estime que deux intérêts pécuniaires, tous deux sérieux et licites, sont également respectables et il n'y a aucune raison

---

l'enrichissement (p. 793); pourquoi ne pas reconnaître le même effet au droit de propriété?

(1) V. un arrêt qui n'a pas fait cette distinction : Cass., 23 oct. 1894, D. 95. 1. 222.

(2) Cf. sur cette question : Limoges, 5 févr. 1902, D. 1902. 2. 95 et observations de M. Blondel sous S. 97. 1. 273.

pour que le défendeur soit condamné. Mais si le défendeur n'a pas exercé son droit de la façon la moins gênante pour le demandeur, la situation change ; car, si par exemple un industriel a un intérêt entièrement respectable à exercer telle industrie, il n'en a qu'un fort minime à employer tel système plutôt que tel autre. Il résulte de là que les tribunaux ne peuvent ni ordonner la fermeture de l'établissement ni le condamner à une indemnité sans indiquer les faits d'où ils font résulter un préjudice ; lorsqu'une condamnation est prononcée dans l'avenir pour préjudice éventuel, le jugement doit indiquer une modification de l'état des lieux qui permettrait au défendeur d'y échapper [1]. Je ne vois rien qui s'oppose à ce que le jugement prononce une astreinte, pourvu qu'elle soit subordonnée au fonctionnement imparfait, et non au fonctionnement normal de l'établissement ; ainsi le propriétaire d'un hospice de tuberculeux ne peut être condamné à 300 francs par nouveau malade introduit [2]. Le tribunal peut-il ordonner une modification de l'état des lieux *manu militari?* Je considère une telle décision non comme contraire à un principe formel, mais comme peu conforme à l'esprit de notre législation et au respect dû à la liberté individuelle. L'exigence d'un manque de précautions pour fonder la responsabilité est mise en doute par quelques arrêts [3] ; je crois

(1) Ainsi jugé : bal public, 17 avr. 1872, S. 72. 1. 76 ; théâtre, 24 janv. 1866, S. 66. 1. 169 ; chaudronnerie, S. 65. 1. 342.

(2) Ainsi jugé par la Cour de Limoges réformant la décision des premiers juges, D. 1902. 2. 95.

(3) J'emploie au texte une formule dubitative, car l'opinion des auteurs d'arrêts est obscure et souvent même un peu contradictoire. Voici par exemple les motifs de l'arrêt du 5 févr. 1901 : « Attendu qu'il est acquis aux débats que l'entrée de l'établissement a toujours été refusée aux membres du conseil d'hygiène de la commission des logements insalubres ; que l'attitude de la défenderesse serait tout à fait inexplicable s'il était exact qu'elle observait rigoureusement toutes les mesures antiseptiques requises pour atténuer les dangers de la contagion ; attendu, quoi qu'il en soit, que dans une œuvre semblable comme dans toutes les œuvres humaines les défaillances ne peuvent manquer de se produire à un moment donné malgré tout le zèle apporté. » Faut-il conclure de cette dernière phrase que la Cour de Limoges aurait toujours condamné la défenderesse même si elle avait fait tout ce qui était humainement possible pour atténuer le danger ? J'espère qu'il faut plutôt conclure des premières phrases que la Cour condamne parce qu'elle a constaté une négligence, dont elle a seulement admis la preuve avec une facilité particulière. La suite de l'arrêt constate, d'ailleurs, que différents détails de l'installation étaient contraires aux prescriptions scientifiques. — Voici un arrêt qui paraît plus formel contre l'opinion énoncée au texte

que le principe contraire serait extrêmement dangereux, car il aboutirait à grever d'une responsabilité très lourde des gens dont l'activité est en fin de compte utile à la société; on a reproché à la théorie objective de la responsabilité délictuelle de décourager l'initiative; combien un tel reproche ne serait-il pas plus fondé contre cette théorie appliquée à celui qui exerce un droit?

Une difficulté se présente pour le cas où l'établissement du défendeur est une maison de tolérance. Une jurisprudence constante décide qu'en ce cas le jugement qui condamne le défendeur pour l'avenir n'a pas besoin d'indiquer une modification de l'état des lieux au moyen de laquelle il pourrait se libérer; que le jugement peut valablement le condamner en constatant qu'il a pris toutes les précautions qui étaient humainement possibles; que sa responsabilité est engagée non seulement par l'impossibilité de jouissance, mais par une simple dépréciation survenue à l'immeuble du demandeur; les arrêts n'osent pas assimiler à la dépréciation le préjudice moral (1). Les deux premières de ces dérogations s'expliquent facilement : le conflit de droits étant donné, lorsque le défendeur exerce une industrie avouable, son intérêt est aussi respectable en soi que celui du demandeur, et, si dans l'espèce il est condamné, c'est pour des raisons purement relatives, faute d'avoir pris toutes les précautions nécessaires; au contraire, dans le cas de la maison de tolérance, le droit du défendeur doit plier d'une façon absolue devant celui du demandeur dès qu'un conflit s'engage, à cause du caractère illicite de son intérêt. Mais comment expliquer que le défendeur soit rendu responsable lorsqu'il lèse un simple intérêt, puisqu'alors, semble-t-il, aucun conflit de droits ne s'est engagé? Pour y arriver, on a prétendu que le défendeur n'avait pas de droit : on ne saurait, dit-on, faire rentrer dans l'exercice d'un droit un acte d'une immoralité aussi grave, celui qui l'accomplit tombe toujours sous le coup de l'art. 1382; à l'objection tirée de l'autorisation administrative, on répond qu'un acte de

(3 janv. 1887, D. 88. 1. 39) : « Attendu qu'il n'est point nécessaire qu'une Compagnie de chemins de fer ait enfreint les règlements spéciaux de son service pour qu'elle soit responsable des dommages causés directement à la propriété privée par son exploitation ». Un tel motif n'est pourtant pas absolument inconciliable avec la théorie qui exige une négligence, car il se pourrait à la rigueur que, tout en appliquant les règlements, la Compagnie n'ait pas pris toutes les précautions possibles dans l'intérêt des voisins. Le mieux est, je crois, de considérer la jurisprudence comme mal fixée.

(1) V. sur ce point, S. 85. 1, 486.

l'administration ne saurait avoir pour effet de changer le caractère d'un fait, lorsque ce caractère est déterminé par les principes du droit civil. Cette théorie me paraît dangereuse : la faculté reconnue au juge de traiter comme illicites des actes accomplis dans l'exercice d'un droit et qui n'ont lésé qu'un simple intérêt est aussi arbitraire que le critérium soit l'immoralité ou le détournement du but social ; théoriquement, d'ailleurs, il convient d'observer que l'acte contraire aux mœurs, quoique vu avec défaveur, n'est pas par cela seul prohibé par le législateur. Aussi préférerais-je raisonner de la manière suivante : un propriétaire, antérieurement à l'autorisation administrative, n'a le droit de transformer sa propriété ni en maison de prostitution, ni en établissement dangereux ; seulement, tandis qu'il peut acquérir à l'égard des tiers un véritable droit pour exercer une industrie dangereuse, l'administration ne lui concède pour exploiter la prostitution qu'une simple tolérance qui n'est opposable qu'à l'administration elle-même et qui n'empêche pas ses rapports avec les tiers d'être régis par l'article 1382 (1).

2° *Dégâts causés à la propriété rurale par des lapins.* — Une jurisprudence aujourd'hui bien établie rend le proprétaire d'un bois responsable des dégâts causés par des lapins qui y ont établi leur terrier, quand il a favorisé leur multiplication. On essaie assez vainement de justifier cette solution par l'article 1382. On pourrait, je crois, lui étendre la théorie que nous venons d'exposer en remarquant que le fait d'avoir fait garder la chasse d'une façon très rigoureuse ou d'avoir placé soi-même des lapins dans le bois, quoique parfaitement licite, a causé une lésion du droit du voisin. Pour que le défendeur succombe dans le conflit de droits, il faudra qu'on relève à sa charge un manque de précautions, soit qu'il ait refusé de laisser faire des battues, soit qu'il ait entretenu des taillis dans un tel état d'épaisseur qu'il se soit ôté lui-même les moyens d'enrayer la multiplication des animaux.

3° *Congé donné à un locataire malade au moment où un déplacement peut être dangereux pour sa santé.* — Le droit en conflit avec la propriété est ici le droit de conservation, implicitement reconnu par plusieurs textes et notamment par l'article 328 du Code pénal. Le droit du locataire doit être préféré pourvu

----

(1) Voir les diverses explications proposées dans les deux arrêts cités au S. 61. 1. 839.

que le danger de mort soit constant, et alors même que le propriétaire aurait un intérêt sérieux à reprendre la jouissance de ses locaux ; car on doit préférer la vie d'un homme à l'intérêt d'un autre. Nous reconnaîtrons au locataire le droit de se faire maintenir dans les locaux par la voie du référé, en l'assimilant au créancier d'une obligation de ne pas faire (art. 1143).

Nous ne prétendons aucunement donner une énumération limitative des hypothèses où le droit de propriété entre en conflit avec un autre.

B. Résiliation brusque par acte unilatéral d'un contrat de louage de services à durée indéterminée. — Cette hypothèse ne donne lieu à des questions intéressantes que quand l'acte unilatéral émane du patron ; car, l'ouvrier n'étant pas solvable, le patron ne songe pas pratiquement à agir contre lui quand c'est lui qui résilie, et la législation actuelle sur les syndicats ferme tout recours contre eux. Il faut d'ailleurs reconnaître que, dans la plupart des cas, le préjudice causé par la résiliation brusque à l'ouvrier est beaucoup plus considérable que celui qu'elle pourrait causer au patron.

Y a-t-il conflit dans cette hypothèse ? Le patron avait incontestablement le droit de congé, puisque son contrat ne lui imposait pas de garder l'ouvrier pendant un délai déterminé ; de son côté, l'ouvrier privé de ses moyens d'existence sans avoir démérité, qui va vivre d'expédients jusqu'à ce qu'il ait eu le temps de trouver du travail, est gravement atteint dans ses intérêts les plus essentiels ; mais est-il atteint dans son droit ? Je crois qu'avant la loi du 27 déc. 1890 il fallait répondre négativement, car le droit au travail n'était inscrit nulle part dans notre législation et ne résultait aucunement de son esprit général. La jurisprudence avait sans doute pu tempérer cet inconvénient en jugeant que, quand il existait un usage général fixant un délai de congé, les parties avaient pu s'y référer tacitement ; mais c'était là une pure interprétation de volonté qui devait cesser en présence d'une clause contraire et qui ne permettait d'indemniser que les plus fortunés parmi les salariés [1]. A mon avis, la loi du 27 déc. 1890 a eu pour effet de donner un droit à l'ouvrier en face du droit du patron toujours écrit dans l'article 1780 ; ce qui

(1) Voir notamment : Cass., 8 févr. 1859, D. 59. 1. 57 ; Paris, 12 févr. et 15 mars 1858, D. 58. 2. 215 et 16 févr. 1863, D. 63. 2. 217. — Sur des écarts de jurisprudence réprimés par la chambre civile : Cass., 5 févr. 1872, D. 73. 1. 63.

le prouve, c'est d'abord la phrase « Néanmoins le congé pourra
donner lieu à des dommages-intérêts... », qui serait absolument
inutile si elle ne devait s'entendre du congé donné avec observa-
tion des délais, et surtout le paragraphe qui prévoit qu'on tien-
dra compte de la durée des services antérieurs et des versements
effectués en vue d'institutions de prévoyance, ce qui suppose un
quantum de dommages-intérêts supérieur au taux des salaires
qu'aurait touchés l'ouvrier pendant un délai de congé. Ce qui
prouve qu'il y a là un droit propre de l'ouvrier fondé sur sa situation sociale et non une interprétation de volonté, c'est la dernière
phrase qui prohibe la dérogation conventionnelle à cette dispo-
sition. La jurisprudence, quoique très flottante, paraît plutôt être
en ce sens[1].

Ce n'est pas le lieu d'examiner ici les questions de fait relatives au quantum des dommages-intérêts. La seule difficulté
intéressante au point de vue de la théorie du conflit de droits
se pose quand le patron avait un motif légitime et que cependant l'ouvrier n'avait pas commis de faute. Exemple : le patron
était obligé de restreindre l'importance de son établissement ;
l'ouvrier avait été condamné pour indélicatesse professionnelle
par un jugement qui a été réformé après le congé. La jurisprudence refuse régulièrement les dommages-intérêts[2] ; c'est avec
raison, car, les deux droits étant en présence, lorsqu'aucune
négligence ne peut être reprochée à l'une des parties, on ne voit
pas pourquoi l'une ou l'autre serait condamnée. La preuve de
la faute est-elle, suivant l'opinion générale[3], à la charge de
l'ouvrier? Je ne le pense pas; la lésion de droit étant établie,
c'est au patron à se libérer en prouvant qu'il avait un motif
sérieux, comme en cas d'inexécution d'une obligation de faire,
c'est au débiteur à prouver sa libération par cas fortuit. C'est
d'ailleurs bien ce que fait la jurisprudence : le patron est mis
en demeure de faire connaître ses motifs ; autrement, le recours
ouvert à l'ouvrier serait absolument illusoire.

C. **Exercice téméraire des actions en justice.** — Une

____

(1) Ainsi, jugé (D. 94. 1. 237) qu'il n'y avait aucune contradiction à
admettre que le patron avait un motif légitime et à le condamner cependant pour n'avoir pas observé les délais de congé ; (D. 1900. 1. 17) que le
jugement qui condamne un patron n'a pas besoin de viser une clause
expresse ou tacite fixant un délai de congé.

(2) Cass., 22 juill. 1896, D. 97. 1. 401, avec note de M. Planiol.

(3) Porcherot, thèse, p. 47.

jurisprudence constante condamne celui qui saisit témérairement la justice à des dommages-intérêts. Peut-on reconnaître ici l'existence d'un conflit de droits? Des objections se présentent à l'esprit : d'une part on peut se demander si le plaideur dont la prétention a été reconnue injustifiée (défendeur en dommages-intérêts) n'a pas en réalité agi sans droit; à cela nous répondrons que le Code de procédure, en fixant d'une façon invariable les dépens, a établi un véritable droit de saisir la justice, à charge de réparer le préjudice général causé à la société et fixé d'ailleurs à forfait (1); en sens inverse, on pourrait soutenir que le plaideur qui a triomphé (demandeur en dommages-intérêts) n'a souffert qu'une atteinte à un intérêt, non une lésion de droit. Je crois au contraire qu'il y a eu lésion de droit, résultant de ce que, dans la plupart des cas, le demandeur a été temporairement empêché d'exercer son droit. Exemple : un incendie ayant éclaté chez un cultivateur, le voisin lui réclame à tort des dommages-intérêts pour un préjudice non justifié et exerce le droit de rétention sur le matériel agricole sauvé de l'incendie et déposé chez lui : sans doute le jugement final a remis le cultivateur en possession de ce matériel, mais ce jugement n'a pu réagir contre le fait passé, qui a été l'impossibilité pour un propriétaire de jouir de sa chose pendant un temps assez long. — Un individu obtient un jugement passé en force de chose jugée condamnant un tiers à délaisser un immeuble; le tiers intente un pourvoi en cassation sans base sérieuse; le propriétaire pouvait faire exécuter son jugement, mais la crainte des restitutions à fournir en cas de défaite finale l'a empêché d'agir jusqu'au rejet du pourvoi : il y a eu ici, pendant les délais du pourvoi, impossibilité morale d'exercer un droit, donc lésion de droit. Dans d'autres cas, la lésion de droit résulte de l'atteinte portée à la considération du demandeur en domma-

(1) D'après une ingénieuse théorie présentée par M. Esmein (note sous Cass., 29 janv. 1897, S. 98. 1. 17), le plaideur téméraire aurait exercé un droit vis-à-vis de l'État en saisissant les tribunaux, mais il aurait agi sans droit vis-à-vis de son adversaire, puisqu'il a émis une prétention reconnue injustifiée. M. Esmein n'applique cette idée qu'au cas où le plaideur a engagé consciemment un mauvais procès. Mais en partant de là ne serait-on pas conduit invinciblement, par application des principes de la responsabilité délictuelle, à considérer que le plaideur malheureux engage sa responsabilité dès qu'il a commis en introduisant son procès une négligence légère? et alors tout procès ne se terminera-t-il pas par une condamnation supplémentaire contre le perdant ?

ges-intérêts, par exemple par un procès scandaleux de filiation, car les textes qui punissent l'injure et la diffamation prouvent que chacun a droit à ce qu'on ne lui fasse pas perdre la considération de ses concitoyens. Mais, par exemple, le conflit ne naît pas dans le cas où un plaideur, possédant un bon moyen de gagner son procès, le fait traîner en longueur par des incidents afin d'aggraver la charge des frais que supportera son adversaire : il y a lieu à une simple répartition de dépens, dans laquelle on peut considérer que le gagnant a en réalité succombé dans les incidents, et lui en faire supporter les frais.

Pour que le conflit soit tranché au détriment du défendeur, il faut que, dans le procès précédent où il a succombé, il ait commis une faute. Faut-il en outre, comme l'exigent les arrêts de la Chambre civile (1), qu'il ait été de mauvaise foi ? Je n'en vois aucune bonne raison. Il me paraît seulement que la faute ne peut engager la responsabilité dans ces hypothèses qu'à condition d'être grave, car un particulier n'est tenu, ni d'apprécier exactement les faits qui seront discutés dans son procès et qui ne peuvent même pas lui être tous connus quand il l'engage, ni d'avoir une opinion exacte sur un point de droit, l'institution de tribunaux spéciaux ayant paru nécessaire pour trancher les litiges. Il convient même d'observer qu'un plaideur est moins à même qu'un tiers quelconque de voir clair dans ses propres affaires car il est aveuglé par ses passions ou par ses intérêts mal compris. La mauvaise foi du défendeur a cependant une certaine importance quand l'objet du procès précédent qu'il a perdu était la réclamation d'une somme d'argent due en vertu d'un contrat ; car alors les principes de la responsabilité contractuelle lui imposent une réparation plus complète en cas de dol qu'en cas de faute simple (art. 1149, 1150 et 1153 nouveau).

Y a-t-il lieu d'admettre avec la jurisprudence que le plaideur qui succombe dans certaines procédures particulièrement vexatoires doit être condamné sans qu'on relève une faute contre lui (2) ? Une telle solution me paraît contraire aux principes du conflit de droits. Je pense seulement que le degré de faute inexcusable doit s'appécier plus sévèrement : pour celui qui a engagé l'instance que pour celui qui s'est contenté de défendre ; pour

(1) Voir sur toute cette jurisprudence, Dalloz, *Supplément*, v° *Responsabilité*, n°⁵ 81 et s.

(2) Saisie-arrêt : Cass., 17 mars 1873, D. 74. 1. 33, tierce opposition : Cass., 19 juin 1893, D. 94. 1. 215.

celui qui a intenté un recours, surtout extraordinaire, que pour celui qui s'est contenté d'une demande en première instance; pour celui qui a passé aux voies d'exécution que pour celui qui s'en est tenu à la procédure devant les tribunaux.

Une difficulté spéciale se présente dans l'hypothèse où l'exercice téméraire d'une action en justice a eu pour effet de faire condamner l'adversaire à une amende fiscale pour une irrégularité qui était jusque-là ignorée. La solution la plus simple consiste à considérer l'amende fiscale, non comme la peine d'un délit, ce qui la rendrait rigoureusement personnelle, mais comme une partie des dépens, ce qui permet d'en faire supporter la charge au plaideur téméraire.

Quelles sont donc les règles générales d'après lesquelles le droit du demandeur peut, dans les divers conflits de droits, être préféré à celui du défendeur? D'abord la préférence s'impose si l'intérêt du demandeur est sa vie ou sa liberté, l'intérêt du défendeur étant purement pécuniaire; ensuite, si l'intérêt du demandeur est licite et sérieux, tandis que l'intérêt du défendeur est illicite ou n'est pas sérieux; enfin, à défaut des causes précédentes si le défendeur aurait pu, sans modifier le but dans lequel il voulait exercer son droit, atténuer les inconvénients que cet exercice pouvait entraîner pour autrui. Lorsqu'aucune de ces causes n'existe, les tribunaux ne peuvent ordonner aucune modification de l'état de fait existant.

Pour terminer sur la question, je me hasarderai à faire connaître mon opinion sur la place que doit occuper dans l'ensemble des sciences juridiques la théorie du conflit de droits. Certains auteurs paraissent croire que la notion d'abus de droit est essentiellement un principe de progrès et de rénovation, de nature à révolutionner les anciennes conceptions juridiques; qu'elle aurait pour conséquence de faire regarder d'une façon générale comme relatives et limitées les facultés qu'on avait toujours considérées comme absolues et illimitées; qu'elle se rattacherait à une substitution générale des idées de solidarité sociale aux idées d'individualisme. Je ne crois pas que cette nouveauté ait une telle signification : comme j'ai essayé de le montrer, l'idée de conflit de droits se concilie avec le caractère absolu des droits ; elle nous conduit seulement à restreindre le champ de la maxime : « *Neminem lædit qui suo jure utitur* » au cas où le droit n'atteint que des intérêts ; le conflit de droits me paraît avant tout un problème extrêmement général, résultant de la nature des droits tels qu'on les a toujours compris, et de l'impossibilité pour le législateur de prévoir toutes leurs contrariétés; à ce titre, il y a dans toute législation, mais surtout dans une législation un peu touffue et formée à diverses époques, un problème du conflit des droits comme il y a un problème de l'acquisition ou de la perte des droits, de leur preuve, ou de l'application des lois dans le temps ou dans l'espace; si cette question s'est posée à notre époque plutôt qu'à toute autre, c'est probablement parce que les rapports de droit sont particulièrement complexes plutôt que parce qu'on se fait des droits une autre conception qu'autrefois. Cette théorie n'aurait pas été regardée comme un moyen de faire progresser le droit si elle avait été visée par des textes spéciaux, car elle est susceptible au même titre qu'une autre de réglementation législative; et il est à penser qu'elle fera l'objet de dispositions précises dans le Code civil de demain.

MARC DESSERTEAUX.